I0772509
To:

je t'aime

MY DREAMS

XOXO

MY DREAMS

XOXO

Я люблю тебя

you are
my
sunshine

Mon Amour

For you

you are
the
best

you are
loved
♡

Ti amo

Be Mine

I love
YOU
to the
MOON
AND
back

Love

Ich liebe dich

I
love you
more
than all
stars
in the sky

To My Dear
Great-Aunt
Happy Valentine's
Day!
Coloring
Card

AFGREKI
EU TE AMO
Aishiteru
T'estimo Je t'aime
MILUJI TĚ
Te dua VOLIM TE
Lúbim t'a
Te ubesk
Kocham Ciebie
I love you
Ti amo
S'agapo
Mi amas vin Bahibak
Ich liebe dich
M'bi fe

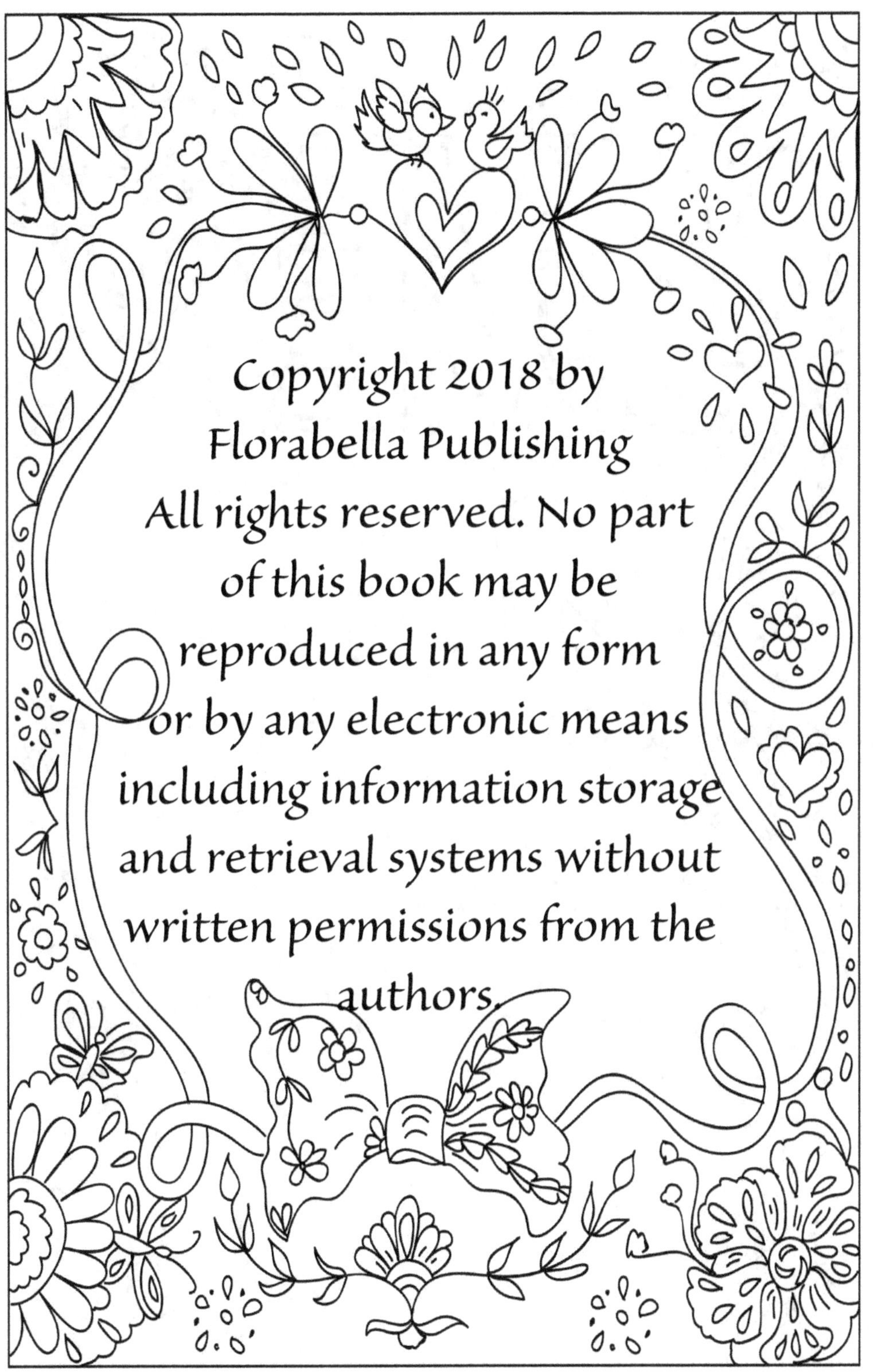

LOVE
From,